텃세의 계절

릿세의 계절

김명애 소설집

세종출판사

책을 내면서

그동안 나는 수필만을 써왔다. 이번에도 소설 형식을 빌린 수필을 구상했지만, 글을 이어가다 보니 자연스레 다른 인물을 통해 현실비판적인 색채를 담아내고 싶어졌다. 그렇게 사회소설 <텃세의 계절>이 엮어졌다. 돌아보면 수필가가 소설 장르를 넘본 셈이다.

사람이 모이는 곳, 아파트는 물론 학교와 직장, 교회와 동호회, 친목단체 등 어디나 텃세가 존재한다. 먼저 자리 잡은 사람이 자릿값을 챙기는 것이 본래 이치지만, 그 이면에서 벌어지는 '텃세와 밥그릇 싸움'의 민낯을 지켜보는 일은 거북스럽다.

숲이 제 빛깔을 잃지 않으려면 나무들이 저마다의 뿌리를 지키면서도 어울려 자라야 하듯, 사람 또한 서로의 자리를 존중할 때 비로소 삶이 풍성해진다. 텃세는 인간 사회에 뿌리 깊이 남아있지만, 나눔과 존중 속에서만 극복될 수 있다. <텃세의 계절>이 그 숲에 작은 울림으로 남기를 소망한다.

삼복에는 입가에 붙은 밥풀도 무겁다는 속담이 있다. 이처럼 만사가 귀찮아 꼼짝하기 싫은 무더위의 연속이다. 그럼에도 <텃세의 계절> 표지 디자인 및 내지 삽화를 그려주신 윤병권 전 교장선생님이자, 화백께 깊이 감사드린다. 또, 글을 쓰는데 격려와 지원을 아끼지 않은 심미정 SB다온 (주) 대표와, 책이 출간되기까지 애써주신 세종출판사 상무님이하 편집부 직원들께도 깊은 감사의 마음을 전한다.

2025년 봄부터 여름에 이어 가을을 맞았다.
봄이 꿈과 희망이라면, 가을은 감사와 용서의 계절에.

김 명 애

차 례

책을 내면서 ··· 5

1. 아파트 미화원 취업 ······························· 13
2. 밥그릇 싸움 ··· 20
3. 휴게실 풍경 ··· 33
4. 신주 닦기 / 오직텃세 ···························· 48
5. 천역자의 자부심 ··································· 72
6. 이제 안 나와도 됩니다 ·························· 94

에필로그 ··· 99

〈추천의 글〉
삶의 연결 고리 | **심미정** SB다온(주)대표, 사회복지사
·· 101

텃세의 계절

반장(여, 58세) : 인천사람
103동(여, 56세) : 부산사람
104동(여, 68세) : 서울사람
105동(여, 70세) : 전라도 사람
107동(여, 70세) : 경기도 사람
108동(여, 69세) : 전라도 사람
조 팔남(남, 40대) : 경기도 사람 (걸음이 많이 불편한
　　　　　　　　　장애인 :자전거가 이동수단)
어 부장(남, 50대) : 경기도사람 (우주 인력센터 부장)

- 소설 속 모티브와 콘셉트 외의 장소는 실제와 관계없음을 알려드립니다.

1. 아파트 미화원 취업

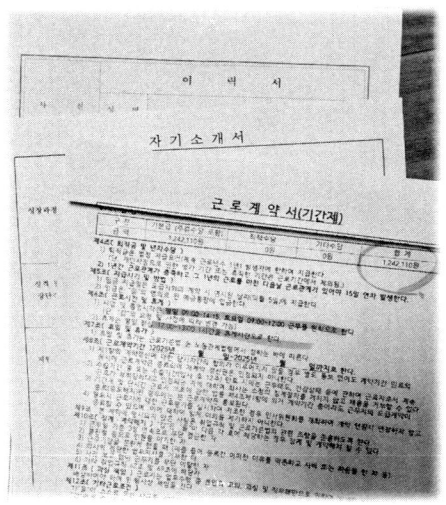

소림은 인력회사 문을 열고 들어섰다. 그리고 준비해 간 이력서와 자기소개서를 내밀었다. 어 부장이 빠르게 훑어보더니, 자기소개서는 필요

없다며 소림에게 도로 돌려주었다.

'아파트 청소하러 오는 주제에 무슨 자소서람.' 속으로 중얼거리며 소림은 종이를 가방에 넣었다.

"신주 닦는 일 해보셨습니까?" 어 부장이 물었다.

"전혀요! 하지만 가장 힘든 일을 맡겨주십시오. 누구보다 열심히 배우겠습니다." 선배가 귀띔해준 대로 연극대사처럼 또박또박 말했으나 속은 알 수 없이 씁쓸했다.

어 부장이 근로계약서를 내밀었다. 직책수당과 주휴수당을 포함한 기본급 1,242,110원에 파란색 형광펜으로 동그라미를 쳤다. 세금을 제하면 실수령액은 1,140,000원이다. 주요 업무는 담당구역 및 단지 내 청소전반이다. 관리주체의 요청에

따른 협조, 입주민에 대한 서비스도 포함된다는 문구가 박혀 있었다.

　근무시간은 평일 오전 9시부터 오후 2시 30분까지며, 토요일은 오전 9시부터 12시까지였다. 점심시간은 정오에서 1시까지다. 그 작은 글씨 속에 감춰진, 갑을 관계가 고스란히 드러나 있는 근로계약서다. 소림은 잠시 시선을 거두었다가 묵묵히 서명했다.

　"어딜 가나 말 많고 텃세가 있으니, 그 정도는 이해하고 주어진 일만 하시면 됩니다." 어 부장이 아파트 위치를 알려주면서 못 박듯 말했다.

　"반장님이세요? 우주 인력센터 어 부장님한테서 연락처를 받았습니다." 소림이 조심스럽게 말했다.

"네! 지금 퇴근하는 길이니 내일 와 보세요." 어 부장이 말 한대로 반장의 목소리는 걸걸하고 높았다.

K아파트는 SRT 수서역 가까이에 있었다. 이른바 '역세권', 지하철역에서 15분 남짓 걸으면 닿는 위치였다.

다음날, 약속한 시간에 맞춰 아파트 입구에 들어선, 소림이 반장에게 전화를 걸었다.

"여기에요. 105동 입구 경비실 앞입니다!" 기다리고 있었다는 듯 굵직한 목소리가 소림을 불렀다. 소림을 본 반장은 '곱다'라는 말을 몇 번이고 되뇌었다.

"고생 한번 하지 않고 살아온, 사람처럼 얼굴표정이 밝고 환하네요." 그녀는 소림을 미화원 휴게실로 데리고 가면서 같은 말을 계속했다.

타인의 삶은 전부 멀리서 보면 희극이요, 가까이서 보면 비극이라는 말이 있는데, 그녀가 보기엔 소림이 안정적인 인생으로 보였나 보다.

"믹스커피뿐인데 드시겠어요?" 벌써 종이컵에 가루를 부으며 묻는다.

"네." 소림이 짧게 대답했다.

휴게실을 둘러보는 소림의 눈에 정수기와 작은 냉장고가 들어왔다. 냉장고 안에는 집에서 가져다 놓은 반찬통들이 자리를 차지하고 있었다. 전기밥솥에는 밥공기 네 개가 뚜껑 덮은 채 들어있다. 이곳에서는 화재안전상의 이유로 밥을 직접 짓지 않는다고 했다. 밥솥은 그저 밥을 따뜻하게 유지시키는 온장고로 밥공기를 꺼내는 동시에 전원코드를 뽑는다고 했다.

행거 아래로 화장지와 장갑들이 차곡하게 쌓여

있다. 부러진 상다리를 테이프로 감아 고정시킨 둥근 포마이카 밥상은 재활용품을 주워와 사용한다고 했다. 벽과 냉장고 사이에 숨겨진 소주병도 보였다.

커피를 다 마시기도 전에 반장은, 곁눈질로 소림을 살피더니 "관리실로 가요" 하며 앞장섰다.

"아파트 일 해보셨습니까?" 관리소장이 이력서를 꼼꼼히 훑어본 뒤 여직원에게 철해두라고 건네며 물었다.

"처음입니다." 소림이 차분히 대답했다.

"아, 그러시군요. 아픈 데는 없지요?" 마른 체형의 소림을 바라보며 다시 물었다.

"네. 걱정 마십시오." 소림은 정중하게 말했다.

"어휴! 교양이 넘치십니다. 내일부터 출근하십

시오." 자리에서 일어나 깊숙이 인사하는 관리소장의 모습이, 소림에게는 어딘가 과장되게 느껴졌다.

2. 밥그릇 싸움

 인류의 역사에서 형제자매 간, 경쟁과 갈등은 되풀이되어 왔다. 특히 아버지에게 돈과 권력이 많을수록 협력보다는 다툼이 더 앞섰다. 소림의 시댁도 예외는 아니었다.

결혼한 지 한 달 만에 집안은 부도의 나락으로 떨어졌다. 원인은 집안사촌형제들 간의 탐욕이었다. 시아버지가 일군 터전을, 그들은 은밀히 잘라내듯 갉아먹었고 결국 자신들 주머니만 불렸다. 막내였던 소림의 남편은 설마 사촌 형님들이 그렇게 큰일을 벌이리라고는 상상도 못 했다.

'피는 물보다 진하다'는 믿음도 욕심 앞에서는 속절없이 무너졌다. 가족을 통해 배워야 할 사랑과 협력, 경쟁과 갈등의 균형은, 시댁의 밥그릇 앞에서 아무 쓸모없는 가르침이 되었다. 결국은, 믿음만 깨진 것이 아니라, 모든 관계와 가르침까지 산산이 부서져버리고 말았다.

하는 수 없이 소림이 나설 차례였다. 다섯 살 난

딸을 둔 해, 그는 생계를 위해 약국 일을 배우기로 결심했다. 약학을 전공한 것도, 더더구나 약국 문턱을 자주 드나든 경험도 없는 그녀다.

과연 내가 잘 해낼 수 있을까 하는 두려움이 목을 눌렀지만 주저앉을 수는 없었다. 소림은 약학개론 책과 두꺼운 사전을 사들고 돌아왔다. 이해가 되고 안 되고는 상관없었다. 마라톤 결승선을 향해 달리는 마라토너처럼 시간을 쪼개 책장을 넘겼다. 중요한 대목은 공책에 옮겨 적었고, 길을 걸을 때나 버스를 기다릴 때에도 중얼거리며 외웠다. 그렇게 그는 새로운 삶을 향해 스스로를 단련해 나갔다.

통약 안에 들어있는 작은 설명서도 빠짐없이 읽어냈다. 성분, 효능, 복용법, 주의사항까지 또박또박 읽고 숙지했다. 조제실을 오가며 약사가 손놀

림으로 조제를 완성하는 과정을 눈에 새겼다. 손님이 문을 열고 들어서면, 누구보다 먼저 일어나 인사하며 맞이하는 경험을 쌓았다. 서툰 첫인사도 곧 습관이 되었고 그 경험은 자신감으로 변했다. 꼬박 1년 동안 그는 약국 일을 몸으로 익혔다. 그것은 단순한 노동이 아니라 단절된 세월을 메우고 다시 삶의 무대를 만들어가기 위한 훈련이었다.

　마침내 소림은 월급쟁이에서 약사를 고용한 경영주가 되었다. 약대를 갓 졸업한 여자 약사와 함께였다. 삼거리 대로변에 단정한 글씨로 '희생약국'이라는 간판을 내걸었다. 약국은 곧 입소문을 타고 단골을 불러들였다. 사람들 생김새가 다르듯, 그들이 약국을 찾아오는 사연 또한 같을 수 없었다. 피로에 지친 회사원은 드링크제를 사갔고,

가정주부는 가족들의 영양제를 챙겼다. 환자들은 진통제와 소화제, 피부연고까지 손길이 닿지 않는 약이 없었다. 감기몸살약과 관절염약, 위장약 등은 단골손님처럼 늘 약국 문을 드나들었다. 의약분업 이전이라 사람들은 약국이 병원보다 더 믿음직한 시절이었다.

그 무렵 방앗간 앞을 그냥 지나치지 않는 참새처럼, 아침저녁으로 '희생약국'을 들르는 이가 있

었다. 한쪽 다리를 저는 그는, 낡은 자전거에 몸을 의지하고 이동했다. 그는 약을 사는 것도 아니면서 뚜렷한 용건 없이 들러 앉아 있다 가곤 했다.

 소림은 그의 불편한 다리를 볼 때마다 마치 자기 몸의 불편처럼 느껴져 마음이 저려왔다. 어느 날, 드링크 한 병을 건네자, 그는 말없이 받아 마셨고, 입가에 헤벌쭉 웃음을 번지며 자신은 조팔남이라고 이름을 밝혔다. 그는 약국에 오면 세상에서 쉽게 털어놓지 못했을 애로들을 하나둘 풀어놓았다. 몸이 불편하니 마음마저 갇혀 있었을 터였다. 소림은 그의 말에 고개를 끄덕이며 들어주었다. 조팔남은 소림을 '아줌마'라 불렀다.

 소림의 하루는 늘 약국 안에서 흘러갔다. 계산대와 조제실과 진열장을 오가며 손님을 맞았다. 그러던 어느 날, 다섯 살 난 딸의 정기검진이 있어 대학병원을 다녀오느라 약국을 온전히 약사에게 맡겼다.

다음날 아침, 약국 문을 연지 얼마 안 되었을 때다. '따르릉' 익숙한 자전거 벨 소리가 울렸다. 조팔남이 출입문에 자전거를 바짝 세웠다. 얼굴은 왠지 시무룩해 보였다. 소림이 건네주는 드링크를 만지작거리다 불만을 털어놨다.

"아줌마! 어제는 무척 서운했어요. 늘 반겨주던 아줌마는 없고 젊은 아가씨만 있지 뭡니까. 아줌마는 어디 갔냐고 물어봐도 대꾸도 없고 무뚝뚝하니 무시당하는 기분이었어요."

소림은 그의 서운함을 이해했다. 평소 약사는 점심 무렵에나 출근해서 조팔남과 마주칠 일이 없었으니 낯설었을 터였다. 게다가 약사는 자기 할 일만 묵묵히 했을 것이다.

"많이 섭섭하셨군요." 소림이 부드럽게 말하며 음료를 하나 더 건네자, 그의 얼굴에 다시 익숙한 웃음이 번졌다. 그 순간 소림은 깨달았다. 장애란 몸의 문제가 아니라 사랑받지 못하는 삶 자체가 장애라는 것을, 게다가 약국이란 단순히 약을 파는 곳만이 아니라 누군가의 울적한 마음을 달래주는 작은 쉼터이기도 했다.

그로부터 보름 뒤, 아침나절, 약사는 아직 출근 전이었다. 약국 문이 열리며 깔끔한 옷차림의 사내 둘이 들어섰다.

"어서 오세요." 소림이 인사했지만, 그들의 얼굴에는 기척하나 스치지 않았다. 두 눈빛은 차갑게 조제실로 꽂혔다. 사냥감을 추적하는 시선 같았다.

"혼자 계십니까?" 낮은 목소리가 날아왔다.

옆에 있던 사내가 곧 서류가방에서 누런색의 큰 봉투를 꺼냈다. 그 속에서 다시 어른 손바닥크기의 네모난 종이를 끄집어냈다. 그런데… 아뿔싸! '희생약국'이라는 글자가 선명히 박혀있다. 이어 그가 엄지와 검지를 맞부어 여섯 칸이 줄지어 붙은 조제 봉지를 펼쳤다.

"보건소에서 나왔습니다." 그들은 보건소 직원임을 증명하는 신분증을 흔들며 조제 기록지를 요구했다. 소림이 노트를 내밀자, 두 사내는 먹잇감을 물어뜯는 사냥개처럼 한 장 한 장을 대조하기 시작했다. 종이 넘기는 소리와 숨소리가 약국 안을 짓눌렀다.

"이 약 아주머니가 지으신 거 맞죠?" 연월일, 증상, 그리고 글씨체까지 증거는 피할 구멍이 없었다. 사내는 준비해 온 서류를 내밀며 도장을 찍으라고 했다. 그 손길은 이미 각본대로 짜인 듯했다. 소림은 아무 말도 할 수 없었다. 이미 엎질러진 물이었다.

그날 이후, 반품할 약의 재고파악을 하느라 진열대를 정리하는 소림의 손끝이 떨렸다. 머릿속은 복잡하게 얽혔고, 이마에 올린 손끝은 차갑기만 했다. 약통이 어지럽게 흩어진 진열장을 멍하니 바라보고 있자니 발자국 소리가 문을 밀고 들어왔다. 며칠 뜸하던 조팔남 이었다.

"이제…, 약을 더는 지어드릴 수 없어요." 목은 바짝 잠겨 말이 잘 나오지 않았다. 몇 번이고 마른 기침을 내뱉고서야 겨우 목소리를 뗐다.

"아줌마! 정말 미안합니다. 저한테 참 잘해주셨는데…." 조팔남은 말끝을 흐리며 고개를 푹 떨구었다.

"그게 무슨 말이에요?" 소림의 쉰 목소리가 높고 다급하게 울리며 조팔남의 말을 붙잡았다.

'희생약국'에서 불과 백 미터정도 떨어진, 주택가 길모퉁이를 돌면, '돌모퉁이 약국'이 자리하고 있다. 그곳 약사는 소문을 통해 알고 있었다. '희생약국'은 친절하고 약도 잘 짓는다더라. 제법 손님들이 드나든다는 말이 하루에도 몇 번씩 들려오니 배가 아팠다.

우리 민족에게는 남 잘되는 꼴 못 보는 DNA가 있다는 말이 괜히 생겨난 말이 아니다. 사돈이 땅을 사도 배가 아픈데, 하물며 경쟁자인 동종업자가 땅을 넓혀가듯, 장사 잘되는 꼴을 보고만 있을 수 없었던 것이다.

'돌모퉁이 약국'은 오래전부터 조팔남을 앞세워 첩보를 꾸민 것이었다. 정작 아프지도 않은 증

세를 말하게 했고, 약사가 아닌 소림에게 약을 지어달라고 요구했다. 그렇게 받아낸 약봉지를 보건소에 물증으로 제시한 것이었다.

  뒤늦게 퍼즐이 맞춰졌다. 그러고 보니 바람이 풀빛을 스치듯, 문득 떠오르는 게 있었다. 한 달 전쯤이었을까? 모르는 남자로부터 전화가 걸려왔었다. '약을 잘 짓는다는 소문을 듣고 연락드려요. 제 형은 공군출신인데 몸이 안 좋아서 그러니 특별히 약을 잘 지어 달라'는 부탁 전화였다. 그때는 단순한 상담전화라 여겼는데, 그 역시 각본의 한 장면이었다.

  조팔남은 신부에게 자신이 친구를 배신했다고 고백하듯, 소림에게 지금까지의 일을 고백했다. 그리고는 연신 미안하다며 눈물을 글썽였지만, 이젠 돌이킬 수 없었다. '희생약국'은 문을 연지 겨우 여섯 달 만에 문을 닫았다. 소림은 얼어붙은 듯 약국 한가운데 서 있었다.

3. 휴게실 풍경

　소림은 반장이 말한 대로 8시 30분까지 출근했다. 105동 지하는 미화원들의 휴게실이다. 미로같은 지하로 내려서기도 전에 목소리 큰 반장의 말소리가 계단을 타고 올라왔다. 이들은 관리소장을 비롯해 부녀회장이나 입주민들에게 잘 보이려는 듯, 정해진 출근시각보다 무려 40분씩이나 일찍 모였다. 그 극성스러움은 흡사 70년대 새마을 운동 구호 속 주민들을 떠올리게 했다.

"안녕하세요? 일찍들 오셨군요." 소림이 상큼하게 인사했지만, 돌아온 것은 싸늘한 무표정뿐이다. 마치 인사는 사치라는 듯, 몇몇은 자기 밥그릇을 지키려는 불도그 같은 눈빛을 번득였다.

반장은 용역회사에 청소용품 신청 권한을 쥐고 있었다. 다른 미화원들처럼 정해진 청소구역이 없다는 것도 그녀만의 특권이었다. 또 소림처럼 신입이 들어오면 일을 가르치며 미화원들 관리를 했다.

"적어도 석 달은 경험해 봐야 일머리 돌아가는 걸 안다니까. 씨발" 거친 욕설은 말끝마다 따라붙었고, 버럭거리는 목소리는 습관처럼 공기처럼 그녀를 따라다녔다. 그래서였을까? 선배는 힘든 일을 찾아서라도 하라고 슬그머니 충고했다.

"이왕 시작한 일이니 헝그리 정신을 가지고 의욕적으로 해서 반장 자리까지 올라가야 하지 않겠니?"

"네, 노력해 볼게요." 억지웃음을 지은 소림은 속으로 '땅이 꺼져라' 한숨을 삼켰다. 그것은 봄방학을 막, 끝낸 아이가 벌써 여름방학을 기다리는 것 같았으니 소림이야말로 이제 첫날인데 벌써 지쳐가는 마음이었다.

"아! 여기 가운과 조끼를 걸치세요." 반장이 행거에 걸려 있는 와이셔츠형의 상의와 도톰한 니트 조끼를 가리켰다. 소림이 옷을 갈아입고 나오길 기다리던 반장이 다시 말했다. "작업화는 개인이 따로 준비해야 해요. 오늘은, 첫날인 데다 바로 일을 시작해야 하니 이걸 신어요." 반장이 내민

것은 덧버선 모양의 발등까지 덮이는 고무화다. 주로 주방과 화단 등에서 물일을 할 때 신는, 다용도 신발이었다. 소림은 잠시 그것을 내려다보다가 마음속으로 짐작했다. 아마 누군가 그만두면서 남겨두고 간 신발이겠거니 했다.

입춘立春 지난 지 보름이건만, 바람 끝은 여전히 매서웠다. 쉼터를 나서서 관리사무실을 향하는, 미화원들의 발걸음은 팔자모양으로 퍼지고 두 손은 주머니에 깊이 찔러 넣고 있었다. 어깨 굽은 그녀들의 모습은, 꼭 겨울 끝자락에 눌린 나뭇가지를 닮아 있었다.

관리사무소는 고층건물들 사이에 아담한 2층 꼬마 건물이다. 1층은 경로당, 2층이 사무실이다. 문을 열고 왼쪽으로 네댓 걸음 옮기면, 작은 책상 위에 출근부가 놓여있다. 한 사람씩 서명 한 뒤 말없이 문 밖으로 나가는 미화원들이 발걸음을 옮겼다.

"제일 깨끗한 동을 줄게요." 반장이 104동을 가리키며 말했다.

"고맙습니다." 소림이 고개 숙여 공손히 답했다. 그러나 그 말은 배려가 아닌, 반장의 넉살 좋은 웃음 뒤에 감춰진, 빈자리를 메우려는 계산이었음을 곧 알게 되었다.

소림의 구역은 104동 지하였다. 누군가 오래전부터 살림을 꾸린 듯, 작은 세간살이들이 한눈에 들어왔다. 작은 책상 위, 앙증맞은 커피포트며 빨래 행거에 널린, 걸레와 고무장갑과 비 옷 상의도 있었다. 또, 벽돌색 고무함지 안, 대걸레 세 개와 나무빨래판은 키다리와 난쟁이처럼 보였다. 청소

세재와 화공약품이 들어있는 플라스틱 수납장 서랍 안에는 부직포 행주도 쌓여있다. 대부분의 도구들은 재활용품 장에서 건져 올린 것들로 채워져 있었다. 신주 닦을 때 필요한 수건과 약품과 솔이 담긴, 직사각형 플라스틱 바구니만이 유독 단정해 보였다.

"이 바구니는 먼저 사람이 자기 개인 돈을 들여 사놓은 거예요."라고 반장이 말했다. 소림은, 그녀가 직업정신이 투철했거나 아니면, 정리정돈에 능한 사람이겠거니 생각했다.

반장은 계속해서 일머리를 알려주었다. 미화원 한 명당, 아파트 두 동씩 맡는데, 날마다 지하부터 30층까지 복도와 계단을 쓸고 닦으세요. 1층 현관 출입문 통유리 창과 로비는 물론이고, 승강기 안, 네 면의 거울과 바닥까지 반짝거리게 닦아야 합니다. 장애인 통로와 화단에 흩날리는 낙엽과 쓰레기도 모조리 줍고 쓸어야 해요. 승강기 안에 누군가 흘린 오물이나, 복도에 버려진 강아지의 배설물을 치우는 것도 모두 미화원의 몫입니다. 거기에 공동구역인 음식물 쓰레기통 청소와, 그 옆에 있는 화장실 청소는 돌아가면서 한다는 것 잊지 마세요. 한꺼번에 많은 말들을 뒤죽박죽 흩뜨려 놓고 반장은 어디론가 휙 가버렸다.

소림은 빗자루와 걸레, 쓰레받기와 대걸레를 양손에 가득 챙겨 들었다. 화단 수돗가에 그것들을 내려놓고 호수를 연결해 물을 받는 동안, 바로 맞은편 재활용장을 바라보았다.

적은 무리의 까마귀들이 나뭇가지에 떡 버티고 앉아있다. 까마귀는 우두머리도, 뚜렷한 서열도 없는 집단이다. 한 녀석이 쉰 목소리로 악악거리자, 옆의 녀석이 길게 울음을 늘어뜨렸다. 그것은 서로가 서로에게 보내는 신호 같기도, 혹은 경계 같기도 했다.

얼마 전, 소림은 까마귀의 텃세로 비둘기가 숨을 거두는 모습을 보았다. 먹이를 차지하기 위한 짧은 몸싸움 그리고 처절한 결말이었다. 그런데 까마귀들끼리는 노골적인 충돌을 피하는 것 같았다. 이상야릇하게도 녀석들은 은근히 자리를 밀어내거나 슬쩍 눈치를 주고받으며 텃세라는 것을 공유하는 듯 보였다.

까마귀 한 마리가 버려진 피자 상자 위로 사뿐 내려앉았다. 날개를 늘어뜨린 채 뽐내듯 걸음을 옮기더니 한쪽발로 상자를 꾹 눌러 고정하고 부리로는 말라붙은 치즈를 떼어냈다. 이내 다른 녀석들이 주변을 맴돌며 먹잇감을 찾으면서도 다투지 않았다. 그들 사이에는 누구 하나가 확실히 차

지하지 못하게 하는, 보이지 않는 선이 있는 것 같았다. 어쩌면, 그것은 무리 속에 깃든 또 다른 텃세일 것이다. 소림의 눈에 비친 그 풍경은, 뒷짐 지고 단지를 돌며 잔소리를 늘어놓는 반장의 모습 같았다.

이윽고 세 개의 음식물 쓰레기통을 청소해야 할 소림의 차례가 돌아왔다. 처음이라 서툰 기색을 감추지 못했다. 그때, 8동이 다가와 조심스레 설명해 주면서 "반장이 점검할 거예요"라는 말도 빠뜨리지 않았다.

열쇠를 갖다 대자 뚜껑이 열렸고 악취가 코를 찔렀다. 매캐한 냄새는 꼭 홍어를 삭힌 냄새 같았다. 또는 청국장과 날 생선을 열 달쯤 묵혀둔 것 같기도 했다. 투입구에 어질러진 음식물 찌꺼기가 뚜껑에 말라붙어 아무리 문질러도 잘 떨어지지 않았다.

소림은, 재활용장 남자미화원에게 따뜻한 물을 얻을 수 있냐고 물었다. 그는 커피포트에 가득 담긴 물이 끓을 때까지 기다리라고 했다. 그렇게 얻은 온수에 가루비누를 녹여 말라붙은 음식물 찌꺼기에 묻혔다. 그런 후 힘주어 문질러 닦고 있을 때, 3동이 씩씩대며 다가왔다.

"무슨 음식물 쓰레기통 청소하는데 30분씩 걸려요?" 소리를 빽 지르는 3동은 반장보다 더 설쳐댔다. 잠시 쉴 틈이 없다. 입안이 바작바작 말랐다. 채찍만 들지 않았다 뿐이지 소림이 눈치껏 따라 하는 데도 반장과 3동은 연신 빨리빨리를 외쳤다.

한국인들은 언제나 '빨리빨리'를 외친다. 이곳도 마찬가지다. 매일 반복되는 일인데 왜 이렇게 다그치는지 모르겠다. 우습게도 그녀들은 이런 태도를 게으름과 동일시했다. 이런 분위기에서 일을 한다는 건, 지지난 세기 영국의 소년, 굴뚝 청소부로 팔려갈 뻔했던 올리버 트위스트의 시대와 별반 다를 게 없다는 생각이다. 어서 벗어나고 싶다. 소림은 자꾸만 되뇌었다.

도대체 어쩌다 여기까지 흘러온 걸까? 소림은 과거를 떠올렸다. 아버지의 죽음으로 기울어진 살림살이에서 맏딸인 그녀는 대학진학을 포기했던 청춘시절이다. 금융공기업에 취업해 동생들의 학비를 뒷바라지했다. 그렇게 십 년을 버틴 뒤에는, 동생이 그녀의 든든한 힘이 되어주었다. 그녀는 뒤늦게나마 대학 문턱을 밟을 수 있었고, 두 자매는 서로를 먼저 챙기며 고맙다는 말을 아끼지 않는 사이가 되었다.

결혼 뒤 이어진 고단한 믿음과 배신들도 있었다. 소림은 성격상 거절에 서툴렀을 뿐 아니라 남을 너무 쉽게 믿었다.

누군가 힘들다거나, 사업자금을 빌려 달라고 부탁해 오면, 망설이지 않고 지갑을 열었다. 마치 내 마음이 곧 남의 마음이려니 하고 믿었다. 혹은, 눈

앞의 불을 끄듯 다급하게 돈을 내주었다. 가진 것이 부족하면 대출을 받고, 다른 이에게 돈을 빌려서까지 빌려주었다.

소림은 스스로 한계를 규정짓고 그 안에서 자신만의 인생을 살겠다고 큰소리쳤었다. 그런데 본인 기준에서, 전부 남이 좋다고 생각하는 일들을 하며 잘난 척하느라 두 눈 팔고 살아온 줄은 까맣게 몰랐다. 그것은 어쩌면, 동생들과 늘 주고받던 마음의 습관이 일상으로 굳어진 탓이었다.

'돈을 빌려주지 말아야지,' 수없이 다짐했지만 지인의 지인까지 나타나 절박한 사정을 호소하면, 소림은 마음이 무너졌다. 그리고 무엇엔가 홀린 듯 또 돈을 내주었으니…, 남은 것은 후회와 상처뿐이었다. 그녀는 늘 지쳐있었다. 가족들은 그 사실을 알지 못했다. 그것이 더욱 마음 아픈 일이었다. 견딜 수 없는 무력감으로 심장리듬이 흔들릴 때, 선배가 소림의 손목을 잡아끌었다.

"힘든 일이라도 해봐야 정신을 차리지." 그렇게 소림은 인력업체 문턱을 넘어섰다.

4. 신주 닦기 / 오직텃세

 아침 일찍부터 단지 내는, 조경공사로 소란스러웠다. 나무의 키 높이를 자르고 수형을 다듬는 전정 작업이 한창이었다. 괴음을 내는 기계소리와 함께 화단에 우뚝 서있는 측백나무 가지들이 툭 툭 잘려 나와 땅에 나뒹굴었다. 나무에게는 제 몸 전체가 삶의 이유일 텐데, 사람들의 욕구로 제 뜻과 무관하게 잘려 나갔으니, 그것은 원치 않는 방하착放下著을 묵묵히 받아들이는 것처럼 보였다.

  그때였다. 상록수 곁에 서서 구경하던 한 여성의 어깨 위로 굵은 가지 하나가 곤두박질쳤다. 놀란 사람들의 부축으로 병원에 옮겨진 여성은 한 시간 후, 깁스를 한 채 상이용사처럼 팔을 거칠게 감싸고 돌아왔다. 그런데 정작 책임을 진 사람은, 사고 근처에서 안전관리를 맡고 있던 경비원이었다. 그는, 부녀회장과 관리소장의 호된 꾸지람을 듣더니 곧바로 다른 구역으로 발령이 났다. 이곳의 시스템은 이상했다. 열악한 근무지를 돌려가며 배치하다 보면, 결국 스스로 그만두게 만드는 구조였다.

소림은 문득 예전에 D일보에서 읽은, 사회면 기사 한 줄을 떠올렸다.

"파리 목숨 경비원, 해고 공포"

현실이 이렇다 보니 경비원들은 주민들 눈 밖에 나지 않기 위해 서로를 견제하고 앞 다투어 서글픈 서비스 경쟁에 내몰렸다. 살아남기 위해 누군가를 밟아야만 하는 안타깝고도 무정無情한 세상이었다. 소림은 그 잔혹한 현실 앞에서 오래도록 마음이 무거웠다.

점심시간이 되자 모두 도시락을 꺼냈다. 반장이, 숨겨놓은 소주병을 꺼내 5동에게 한 잔 권했다. 가끔 반주로 한 잔씩 한다고 했다. 밥상은 조용했다. 그렇지만 밥을 먹는 속도들은 빨랐으니 소림이 보조를 맞추느라 애먹는 모습이다. 식사를 마치고 나자 이내 졸음이 몰려오듯, 그녀들은 하나, 둘씩 바닥에 선을 긋듯 누웠다. 식후 한 모금 마시는 물처럼, 커피 한 잔 나눌 여유조차 없었다. (물론, 밤에 잠이 안 온다는 이유에서였지만.)

소림은 딱딱한 바닥에 누울 마음이 내키지 않았다. 휴대폰을 열어 뭔가 열심히 메모를 하고 있었다. 그때, 옆에 있던 7동이 말했다.

"여기가 그쪽 자리"라며 행거 옆 작은 공간을 가리켰다. 소림은 그제야 깨달았다. 이곳에서는 누구도 서로의 이름을 부르지 않았다.

예전에야 높은 사람의 이름을 대놓고 부르는 건, 동아시아의 유교 예법에 어긋난다는 오랜 관습 때문이었다지만, 이름은 곧 그 사람의 존재이자 이야기인데 여기서는 그것조차 사라져 있었다. 소림이 첫 출근 한 날도, 반장은 동료들에게 간단

한 소개조차 하지 않았다. '그냥 누군가 왔다'는 식이었다.

소림은 한 때, 학생들에게 이름을 불러주는데 힘을 쏟은 적이 있었다. 선생님들 중에는 종종 이름을 부르지 않고 "야" 또는, "학생"으로 호칭하는 경우도 있다. 이름은 단순한 호칭이 아니라 사람이 살아오는 과정의 삶의 이야기와 정체성이 담긴 존재의 증명이다.

요즘 개명改名을 하는 이들이 많은 것도 이름이 곧 삶과 연결되어 있기 때문이다. 그러나 이곳은 달랐다. 고된 노동을 하는 공간에서마저 사람의 이름은 사라졌다. 소중한 시간을 바쳐 일하는 자리에서 하나의 인격체로 불려야 마땅한데 그렇지 못했으니 소림은 점점 무기력증을 느꼈다.

3동, 4동, 5동…, 이름대신 각자가 맡은 '동의 끝

자리 숫자'가 곧 이름이었다. 부르기에는 간단했지만, 그 안에는 한 사람의 이야기도 무게도 담겨 있지 않았다. 경비원들을 아저씨로 불렸고, 미화원들끼리도 종종 '아줌마'라는 불쾌한 호칭이 오갔다.

소림은 남녀 미화원과 경비원들 모두에게 '선생님'이라 불렀다. 그러자 8동이 얼른 맞받아 소림에게도 선생님이라 불렀다. 5동은 그 말이 듣기 좋으면서도 소림을 '집에는, 집이는….'이라며 호칭했다. 3동은 말없이 눈만 끔벅였고 7동은 마치 제자라도 대하듯 명령조의 반말을 했다. 이름이 사라진 자리에는 존중이 아닌, 서열과 습관만 남아있었다. 소림은 이름 하나가 얼마나 큰 무게를 지니는지 새삼 절감했다.

휴게실 바닥은 미지근하게 덥혀 있었다. 그렇지만, 문틈으로 스며드는 바람은 차가웠다. 7동이 얼른 온도조절기를 올렸지만, 출입문이 활짝 열려 있는 탓에 모두의 어깨가 저절로 움츠러들었다. 음력으로 정월 대보름을 갓 지난 우수 무렵이었지만 바람은 매서웠다.

반장이, 3동에게 문을 반쯤 닫으라고 했다. 출입문 가까이에 자리를 차지한 사람은 언제나 3동이었다. 그는 흡사 문지기라도 된 듯, 엉덩이와 왼쪽 다리로만 걸터앉고 오른발에는 신발을 신은 채였다. 언제든 뛰쳐나갈 수 있는 포즈였다. 소림은, 문득 '깡패들은 비상시를 대비해 출입문을 등지고 앉지 않는다.'는 누군가의 말을 떠올렸다. 물론, 3동이 그런 집안 일리는 없지만, 왠지 늘 준비된 사람처럼 보였다.

그런 3동이 불쑥 입을 열었다. 어제는 복권명당이라는 가게를 찾아가 백 미터도 넘는 줄을 기다려 복권을 샀다는 것이다.

"1등만 된다면 당장 미화원 일을 때려치우고 집부터 살 거야." 그녀의 말에 여기저기서 웃음 섞인 추임새가 이어졌다. 이윽고 복권이야기는 순식간에 휴게실을 가득 채웠다. 어디를 가나 복권이야기는 단연 으뜸이다. 복권 사는 것을 즐기고, 기대하는 심리는 누구에게나 있다. 어떤 이는 복권에 당첨되면 가장 먼저 집을 사겠다고 했다. 또 어떤 이는 외국으로 훌쩍 떠나고 싶다 했다. 누군가는 그저 일주일을 버틸 작은 희망이라며 복권을 사는 순간만큼은 다른 삶을 사는 기분이라고 했다.

이들이 꿈꾸는 복권은 단순한 종잇장이 아니었다. 고단한 일상 속에서 스스로에게 건네는 작은 위로이자 잿빛 삶을 지탱하게 해주는 의식 같은 것이었다. 그 종이를 손에 쥔 순간만큼은 그들 모두가 다른 삶을 살고 있었는지도 모른다.

그때였다. 그 희망의 기운을 가르듯 반장의 전화기가 울렸다. 통화 내내 그의 얼굴은 일그러졌고 마침내 욕설이 튀어나왔다.

"X발! 지하주차장 청소하라네. 벽이랑 천장 공사가 끝났다니 얼른 내려가요. 퇴근까지 한 시간 반 밖에 없어!"

순간, 휴게실 공기가 얼어붙었다. 넓디넓은 주차장 세 곳을 고작 한 시간 반 만에 끝내라니 누구라도 숨이 턱 막힐 노릇이었다. 반장의 목소리는 다급했지만, 그 다급함은 일감을 떠안은 동료들에게 고스란히 짐이 되어 쏟아졌다.

주차장은 그야말로 전쟁터였다. 담배꽁초가 하얗게 널려있고, 구겨진 음료 캔과 담배 곽, 무심히 버린 물티슈가 바닥 여기저기에 버려져 있다. 차량 밑에서 흘러내린 엔진 오일과 부동액은, 시커먼 얼룩이 되어 바닥에 찐득하게 달라붙어 있었다. 그 끈적이는 기름때를 닦아내는 일이 무엇보다 난감했다. 여섯 명의 미화원으로는 턱없이 부족했다. 결국 남자 경비원들까지 합세해서 물을 퍼 나르고 문질렀지만, 바닥은 좀처럼 깨끗해지지 않았다.

땀 냄새와 세제냄새 그리고 기름 냄새가 뒤섞인 공기 속에서 모두가 사투를 벌였다. 소림은 문득 중학교 시절을 떠올렸다. 장학사가 나온다던 날, 교사들은 학생들에게 교실은 물론, 운동장 구석구석까지 청소를 시켰다. 먼지 하나 남기지 말라던 그 강박 어린 풍경이 지금 이 주차장과 겹쳐졌다.

반장과 5동은 바늘과 실처럼, 빗자루와 쓰레받기를 들고 다니며 눈에 띄는 쓰레기를 쓸어 담았다. 상대적으로 힘이 덜 드는 일이었다. 그 뒤를 따라 소림과 3동이, 또, 7동과 8동이 각각 한 조가 되어 바닥을 닦았다. 양동이에 세제를 풀어 대걸레를 적셔 주차장 바닥 청소를 했다.

물을 함빡 먹은 대걸레의 무게가 장난 아니었다. 허리를 굽혔다 펴는 동작이 반복됐다. 누구 하나 게으름을 피울 틈조차 없었다. 그 때 갑자기 쓰레질을 하며 앞서가던, 반장과 5동이 두리번거리며 구시렁대는 소리가 들려왔다.

 "8동은 또 어디 간 거야? 왜 안 보이지!" 잠시 후 전라도 사투리가 묻어나는 5동의 목소리가 주차장에 울려 퍼졌다.

 "아줌마! 아줌마!" 그 소리가 어찌나 큰지 천장 구석에 씨줄날줄로 얽혀있던 거미줄까지 흔들릴 듯했다. 주차장 가득 메아리가 번졌지만, 8동에게서는 좀처럼 답이 없다. 이윽고 메아리마저 끊기자 5동은 입을 비죽이며 말했다.

 "저렇게 느려서 어디다 써먹겠어!"

 분명 8동은 어딘가에서 게으름을 피우는 것은

아닐 터였다. 단지 자기들 눈앞에 보이지 않는다는 이유 하나만으로 저리도 함부로 짓밟는 것이었다.

얼마 후, 8동이 잰걸음으로 나타났다. 손에는 세제 묻은 대걸레가 들려 있었다.

"바닥 기름때를 좀 꼼꼼하게 벗겨내느라 늦었어요." 8동은 숨을 고르며 천천히 말했다. 그리고 그녀는 소림의 귀 가까이에 대고 속삭였다.

"어쩌겠어요? 아쉬워서 한 푼 벌려고 나왔으니 한 귀로 듣고 한 귀로 흘려버려요." 그녀는 소림을 다독이는 말인지, 자신이 자신에게 하는 말인지 모를 말을 하였다. 하지만 '어쩌겠어, 누가 뭐라고 하던, 참고 견뎌야지'라는 말은 자신에게 끊임없는 다짐을 하는 눈빛이었다.

사실 8동의 처지는 파리 목숨이나 다름없었다.

지난 1월 말, 이력서를 제출하고 면접을 거쳐 2월 1일부터 출근했지만, 닷새 만에 청천벽력 같은 통보를 받았다.

"입주민들이 8동은 나이가 많아서 싫다니, 그만두셔야겠습니다." 그녀는 그야말로 본인 의사와 전혀 상관없이 사표를 냈다. 그리고 다른 일을 알아보고 있을 때, 전화를 받았다. 그때 그녀를 내쫓았던 용역회사 담당자와 지금의 반장이었다. "아직 새로 일 할 사람이 안 구해져서요. 새사람 올 때까지 다시 나와 주세요." 그리하여 8동은, 소림보다 일주일 먼저 출근을 시작했다.

올해 일흔을 맞은 그녀의 손길과 외모는 나이보다 성실하고 정갈했다. 때로는 소림에게 일머리를 알려주는 친절을 아끼지 않았다. 다만, 지나치게 차분하고 순박한 성격 때문에 눈치 없는 사람처럼 비칠 뿐이었다. 그런데 단지 '나이가 많다'는 이유 하나를 들춰내서 내쫓는 것은 정말로 무책임한 처사였다. 아니, 그 청체불명의 명분이야말로 횡포였다. 그럼에도 8동은 마치 참을성 좋은 사람처럼 충성을 다하는 듯 보였다. 그것은 아이러니였다.

사람은 누구나 나이를 먹는다. 이 아파트에 사는 이들 역시 모두 젊은 세대만일 수는 없다. 오래된 아파트일수록 나이 든 세대가 많아지는 것은 자명한 이치다. 게다가 5동과 8동은 동갑내기였다. 같은 나이를 두고, 누구는 '괜찮아서' 누구는 '싫어서' 내쫓는다면, 그것은 입주민들의 까다로운 눈길이 아니라, 먼저 자리를 잡은 미화원들의 보이지 않는 텃세가 아니고 무엇이랴!

오늘도 3동은 은근히 8동을 몰아붙였다. 출근부에 서명을 마치고 108동 앞을 지나던 길이었다.

"유리문 청소 좀 똑바로 하이소. 저기 얼룩이 그대로 있지 않소!" 3동이 8동을 겨냥해 날카롭게 말했다.

"무슨 소리예요? 어제도 닦았고 매일 닦는데요" 모처럼 8동이 반박했지만 혼자만의 아우성으로 그쳤다.

"거짓말 마소. 어제 내가 본 그대로구만." 3동은 기어코 8동 출입문을 향해 발걸음을 옮겼다.

"이것 보소. 지워지질 않소?" 증거를 잡은 듯, 확인을 시켰다.

"이상하네, 분명히 닦았는데." 8동은 잠시 고개를 갸웃거렸다.

소림은 문득, 인간의 평범한 시력과 독수리의

초고해상도 시력을 떠올렸다. 보통의 눈엔 보이지 않을 얼룩이, 3동의 눈에는 유난히 도드라져 보였던 걸까. 아니면 흠집을 찾아내려는 눈은, 때로는 독수리보다도 예민한 것일까.

잠시 의기양양해하던 3동은, 소림과 8동을 번갈아보며 신주 닦는 시범을 보이겠다고 했다.

"각자의 구역을 청소하다가 10시 30분까지 102동 옆, 지하주차장 입구로 꼭 시간 맞춰 오이소." 시간을 못 박는 목소리에서조차 묘한 텃세가 배어 있다.

어제 하루 딸네 가족과 휴가를 다녀온 반장은 무척 기분이 좋았던지 내내 싱글벙글한다. 소림은 반장 없던 날, 시설물 파손과 변형된 곳 사진 찍어둔 것을 보이며 설명했다. 반장은 곧장 관리사무소에 전화를 걸어 목소리 높여 보고하였다. 조용히 처리해도 될 일을 도전적으로 받아치는 모습은 그녀 특유의 성정을 그대로 드러내는 듯했다.

소림이 약속한 장소인 102동을 몇 걸음 앞두었을 때, 휴대폰 진동이 요란하게 울렸다. 조끼주머니에서 꺼낸 전화기에는 낯선 번호가 떠있다.

"여보세요?"

"빨리 안 오고 뭐 하고 있소?" 수화기 너머로 3동의 날 선 목소리가 터져 나왔다.

소림은 반장 외에 다른 미화원들과 전화번호를 주고받지 않았다. 그런데 3동이 어떻게 알고 전화를 걸어온 것이다.

"가고 있는 중이에요!" 순간, 소림의 목소리에 힘이 들어갔다.

"내가 분명히 30분까지 오라고 했잖소!" 꾸짖는 어조는 마치 지각한 학생을 혼내는 교사 같았다.

약속시각까지 아직 5분이나 남았다는 사실에 소림의 혀끝이 저릿해졌다. 마침 먼저 와있던 8동이 소림을 발견하였다. 손가락으로 소림을 가리키며 '저기 와요.'라는 눈짓을 3동에게 보내는 모습이 바로 코앞에서 벌어졌다.

"약속시간도 안 넘겼는데 왜 그렇게 소리를 질러요? 지렁이도 밟으면 꿈틀 한다고요!" 결국 소림이 발끈했다.

"빨리빨리 해야 하잖소" 3동은 못마땅한 얼굴로 코웃음을 치고 계단 아래로 성큼 걸어 내려갔다. 남겨진 공기 속에는 싸늘한 긴장만이 감돌았다.

도대체 3동은 이 아파트가 자기 것이라도 된 줄 아는 걸까? 아니면 하루빨리 반장의 자리에 오르고 싶은 욕심 때문일까?

소림의 평범한 내면에 후회가 스며들기 시작했

다. 차라리 이곳에 발을 들이지 않았더라면 …….

성공하지 못한 사람에겐 돈도, 배경도 버팀목이 되어주지 않는 냉혹한 세상이라지만, 적어도 같은 동료끼리는 서로를 붙들어 줄 수 있지 않을까 싶었다. 그러나 현실은 달랐다. 이 작은 공간에서조차 그들을 옥죄는 건 따뜻한 연대가 아니라 차갑게 뿌리내린 텃세였다. 그것은 개인의 성격이 아니라 삐뚤어진 조직문화가 길러낸 구조적인 문제였다.

3동은 반장의 아바타라도 된 듯, 틈만 나면 툭툭 튀어나와 잔소리를 늘어놓았다. 그러다 또 아무도 묻지 않은 사적인 이야기를 줄줄 흘렸다. '요즘 남편이 돈을 잘 벌어 자기 월급은 몽땅 저축할 수 있다느니, 오후에는 친정어머니 요양보호를 하는데, 정작 어머니가 음식을 다 해주신다느니,

미용사인 딸은 직업병으로 일을 그만둘 거라느니 손주 이야기까지 끝도 없는 수다였다. 아무튼, 3동은 말도 많고 탈도 많고 푼수 끼까지 있는 사람이었다.

계단 난간의 신주는 공기와 닿으면 금세 산화되었다. 미끄럼과 파손을 막고 때와 변색과 세균 번식을 예방하려면 주기적으로 닦아야 했다.

소림은 신주 전용 클리닝 기계라도 있다면, 누워서 떡먹기처럼 쉬울 일이라고 생각했다. 그러다, '아니지 누워서 떡을 먹다 체하는 수도 있겠다.'고 중얼거리며 몸을 폴더 휴대폰처럼 접었다. 상체를 축 늘어뜨리고 엉덩이는 하늘로 치켜든 자세다. 고개 숙인 얼굴에 피가 몰리며 숨이 가빠졌다.

액체 약품을 한 숟가락씩 떠서 신주의 골진 부분에 올리고 야자 솔로 박박 문질렀다. 이어 물에 적신 스펀지를 꼭 짜서 약품을 닦아내고, 물걸레질과 마른걸레질 그리고 광내기 걸레질까지 무려 4번의 과정을 마치자, 땀방울이 빗물처럼 흘렀다.

 소림은, 이런 과정을 밟는 일이 마치 포탄을 장착하기 전, 대포 내부를 구석구석 청소하는 군인의 일과 같을 거라는 상상을 했다. 그러고 보니 자신도 전쟁 없는 이 아파트에서 매일같이 치열한 '무명의 전투'를 치르고 있었다.

 눈에 보이지 않는 곳, 아무도 주목하지 않는 계단 난간 한 줄, 한 줄을 닦는, 손길이야말로 아파트를 지탱하는 작은 힘이다. 그러나 몸은 허락도 없이 신호를 보내오고 숨은 쪼그라들었다.

마침내 신주 닦기를 끝내고 허리를 편, 소림은 원시인의 팔자걸음을 하며 휴게실로 들어섰다. 3동이 퍼렇게 멍든 손등을 들어 보이며 "당신들도 나처럼 돼봐라" 는 눈빛을 보냈다. 옆에 있던 반장이 장단을 맞추듯, 가운을 벗으며 '툭 툭 툭' 자기 배를 두드렸다.

"아이고, 이 배 좀 봐. 겨울에는 살이 찌고 여름에는 살이 빠진다니까." 그 한마디가 신주 닦기의 고됨을 가장 솔직하게 말해주고 있었다. 살이 빠질 정도로 힘든 일, 바로 신주청소였다.

5. 천역자의 자부심

"나도 돈 주고 산, 신발인데 왜 본인 신발을 사신지 않소?" 3동이 소림에게 다가와 느닷없이 쏘아붙였다. 작업화는 반장이 챙겨주었는데, 정작 그 신발의 주인은 3동이었다.

"아, 몰랐어요. 어떻게 돈으로라도 드릴게요."

소림은 얼굴이 금세 화끈거렸다. 신발값을 온전히 다 물어주고 싶을 만큼 부끄럽고 미안했다.

"그 신발은 겨울 지나면 내가 신을 거요."라고 말하는 3동의 눈빛은 '잔말 말고 제자리에 잘 갖다 놓으라.'는 묘하게 단호한 기운으로 번뜩였다.

그러고 보니 지금 3동이 신은 작업화는 다른 미화원들의 것과 달랐다. 털이 둘레를 감싸고 안쪽은 도톰한 천으로 되어 있어 따뜻해 보였다.

이 모습을 지켜본, 7동이 소림에게 다가와 낮은 목소리로 속삭였다. "사이즈가 맞을지 모르겠지만, 내게 한 켤레 남는 게 있으니 내걸 신어요." 그녀는 소림을 자기 구역 도구 보관실로 데리고 가서 보라색 신발을 내밀었다.

"잘 신다가 그만둘 때 돌려드릴게요." 소림이 조심스럽게 받았다. 그랬던 7동이 다시 나타난 것은 일과를 마치고 청소도구를 정리할 때였다.

"내가 오지랖을 떨었네. 미안해요. 신발 빌려준 걸 3동이 알면 괜한 구설수에 오를 거야."

소림은, 책상 밑에 가지런히 두었던 신발을 꺼내 7동 앞에 놓았다. 말없이 신발을 거두는 그녀의 정수리에는 염색이 바란 흰 머리칼이 눈송이처럼 소복이 내려앉아 있었다. 푸석한 얼굴은 잠을 오래 빚진 듯 지쳐 보여 소림의 가슴을 은근히 저리게 했다.

그때 반장이 욕을 섞어가며 휴게실 문을 밀치고 들어왔다. 벌써 사흘째 경로당 청소문제로 신경전을 벌이고 있는 중이다. 경로당 회장이 일주일에 한 번씩 청소해달라고 부탁하니, 아예 모른 척할 수 없다는 이야기다. 아무래도 한 달에 두 번은 해줘야 할 것 같은데, 십만 원이라도 받지 않고는 못하겠다고 투덜거린다. 하지만, 십만 원이란 것도 어디까지나 반장의 희망사항일 뿐, 돈 나올 기미가 보이지 않자 반장이 꾀를 냈다.

"미화원들이 자꾸 들락거려 실질적으로 일 할 사람이 없다"라고 핑계를 대야겠다며 그녀는 혼자 말하고 혼자 결론지었다.

소림은, 하고 싶지 않은 일을 억지로 하며 사는 것이야말로 사람을 삐뚤어지게 만든다고 생각했다. 반장의 태도에는 결국 버티고 버텨 끝내는 한자리 꿰차려는 욕심, 혹은 돈으로라도 보상받으려는 계산이 묻어있었다.

"다른 아파트는 휴가랑 공휴일을 제대로 챙겨 준다는데, 여긴 사흘만 쉬어도 난리잖아." 반장의 말에 짧게 맞장구를 치던 5동이 불만을 터뜨렸다.

"월급도 다른 곳보다 쥐꼬리야. 이래서는 오래 있을 곳이 못 돼." 3동이 곧장 받아쳤다.

"오래 있으면 뭐해요. 골병만 남는 걸. 신주를 닦은 날에는 어김없이 병원 가서 링거라도 맞아야 한다고요." 7동이 낮게 웃으며 말했다. 그녀는 처음 입사해서 두 달간 받은 월급을 모조리 약값으로 써버렸다고 했다.

"내 친구가 인천 송도의 새 아파트에서 일하는데, 거긴 부산 해운대의 아파트처럼 통유리라 여름엔 찜통이래." 5동이 뜬금없는 말을 했다.

휴게실 공기는 불만과 푸념, 그리고 자잘한 일상의 이야기가 얽히며 점점 무거워졌다. 3동은 부산사람이었다. 어느 금요일, 소림과 둘이 짝을 이뤄 주차장 청소를 맡게 되었다.

"이리 오이소. 나 따라 오이소." 늘 날카롭던 목

소리가 이날은 힘이 빠져 다정하게 들렸다. 그날도, 3동은 앞장서서 가다 말고 소림에게 다가와 속삭였다.

"깨끗해 보이는 데는 그냥 지나치고, 더러운 데만 대충대충 닦으소."라고 한다. 얼마 전만 해도 어떤 꼬투리를 잡아 당장이라도 쫓아낼 기세더니, 갑자기 부드러워졌다. 혹시, 며칠 전, 소림을 몰아세운 게 마음에 걸렸던 걸까? 그렇다면 '미안하다'는 말 한 마디면 될 일이다. 그런데, 깨끗해 보이는 곳은 대충 닦으라는 주문을 내놓는 것은, 사람을 시험하는 주문 같아 묘한 불쾌감을 안겼다.

힘들게 청소하고도 표시 나지 않는 곳이 또 있었다. 바로 복도 유리창 먼지를 닦는 일이다. 창틀

청소는 인내심을 요했다. 창틀에는 먼지가 틈틈이 박혀 있었고, 복선으로 깔아놓은 레일에는 빗물 자국이 굳어 곰팡이가 피어 있었다. 소림은 창문을 열었다 닫았다 하며 걸레 끝을 가늘게 말아 손가락이 얼얼하도록 힘을 줘 봤지만, 좀처럼 깨끗해지지 않았다. 할 수없이 반장에게 전화를 걸었다.

"꼬챙이나 먼지 제거 솔이 있으면 좋겠어요." 잠시 후, 쇠꼬챙이를 들고 나타난, 반장은 걸레를 씌운 뒤, 귀지 파내듯 구석구석을 후벼냈다. 창틀 깊숙이 박힌 먼지를 긁어내고 물걸레로 마무리했다. 시원스레 닦인 창틀은 반장의 손끝에서 빛을 되찾았다.

그녀는 오웰이 말한 '천역자의 자부심'으로 충만한 사람이었다. "어떤 일이든 가져와 봐. 내가 못하는 게 있나! 하면서 말끝에 또 욕을 붙였다.

  욕은 본래 누군가를 깎아 내리고 관계를 해치는 독한 언어다. 하지만, 반장은 짜증이나 분노를 표현하는 욕을 무슨 감탄사처럼, 신중함을 무시하고 사용했다. 소림은 그녀가 감정을 건강하게 드러낼 수 있는, 대안언어를 찾았으면 좋겠다고 생각했다. 그러나 욕설로 얼룩진 휴게실 공기 속에서도, 청소는 멈추지 않았다. 곧, 또 다른 하루가 밀려들 듯, 끝나지 않는 일과가 그녀들을 기다리고 있었다.

  소림이 자기 구역을 청소하던 중이었다.
  "10층에 사는데 복도에 또 오줌이 흥건해 있더라고요." 승강기를 기다리던 한 입주민이 불평을 늘어놓았다.

 소림은 그와 함께 올라갔다. 강아지 오줌 치고는 양이 많았다. 아이들의 장난인지 아니면, 누군가의 고의적인 행위인지 짐작하기 어려웠다. 입주민은 얼마 전에도 같은 자리에 오줌이 있어 직접 치웠다며 불쾌함을 감추지 못했다.
 "오늘 아침 일곱 시에 봤어요. 아마 어젯밤이나 새벽에 누군가 그랬을 겁니다. 관리사무소에 알

리려던 참이었죠."

소림은 휴대폰을 꺼내 사진을 찍어 반장에게 전송했다. 잠시 후, 반장은 관리사무소에서 '소변금지'라고 붉은 글씨로 큼직하게 쓴 A4 용지를 들고 나타났다. 소림은 묵묵히 양동이와 대걸레를 가져와 바닥을 닦았다.

화단에 있는 수도를 틀어 걸레를 빨고 있는데 지나가던 입주민이 "수고하십니다."라고 인사한다. 별것 아닌 말 한마디에 소림은 순간 보람을 느꼈다. 입주민은 잠시 머뭇거리더니 말을 걸었다.

"집에 가스레인지가 있는데 필요한 분이 있을까요?"

"글쎄요. 재활용 장소에 내어놓지 그러세요!"

"아니 쓸 만한데…." 여자는 말끝을 흐렸다.

"먼저 일하시던 분 아니죠?" 여자가 다시 물으

며 소림의 대답을 기다릴 사이 없이 "왜죠? 많이 힘드신가 봐요." 하며 소림의 눈치를 살폈다. 소림이 대답하지 않자, 여자는 바닥에 떨어진 10원짜리 동전을 집어 들며 중얼거렸다.

"아, 동전이 깨끗하네. 가져가도 되려나?" 그리고는 뒤돌아섰다.

청소를 하다 보면 고생을 알아주는 주민도 있지만, 때로는 요구가 갑질처럼 다가올 때도 있다. '계단 난간 신주를 더 자주 닦으라거나, 여름엔 화단의 풀을 뽑으라는' 등등이다.

단란한 가족이 사는 아파트를 깨끗이 청소하는 일이 단순히 고된 노동만으로 남는다면, 누가 이 일을 보람 있다고 느낄 수 있을까. 소림은 우중충한 날씨만큼이나 머릿속이 무거워졌다. 그러나 상념에 잠겨 있을 틈이 없었다. 갑자기 속이 뒤집

히며 토할 것 같았다. 온몸에 기운이 빠져나갔다. 재활용장 옆 화장실로 달려갔지만 아무것도 나오지 않았다. 아침에 억지로 삼킨 달걀 하나가 위에서 제 역할을 못하고 있는 듯했다. 거기에 뼛속까지 스며드는 한기까지 몰려왔다.

"체한 건지 몸살인지 모르겠어요." 소림은 간신히 반장에게 몸 상태를 알렸다.

"30분만 쉬어요."라고 말하는, 반장의 무심한 얼굴은 잠깐의 휴식마저 허락해 준다는 은혜라도 베푸는 듯했다. 소림은 청소도구가 가득한 지하 창고에 들어가 따뜻한 물을 홀짝이며 벽에 기대앉았다. 작은 휴식은 위로라기보다 생존에 가까웠다.

점심시간이 되자, 그녀는 미지근한 바닥 구석에 몸을 뉘었다. 롱 패딩을 이불 삼아 벽을 향해 모로

누운 채, 잠들지도 못하고, 깨어있지도 못한 상태로 끙끙 앓는 소리를 흘렸다.

"어휴! 저 앓는 소리." 역시나 3동은 그냥 지나치지 않았다. 소림은 정신이 번쩍 들었지만, 눈을 감은 채 말없이 주먹만 움켜쥐었다. 왜, 3동은 남의 상처를 꼭 들춰내야만 직성이 풀리는 걸까?

사람을 선과 악, 좋고 나쁨으로 단정하고 자신에게 조금이라도 불리하면, 금세 적으로 몰아붙이는 3동이다. 소림은 그녀가 단순히 괴팍한 사람이 아니라 어쩌면 더 깊은 결핍을 안은 사람일지도 모른다는 생각을 떨칠 수 없었다. 하지만 그 이유를 알고 싶지 않았다. 소림은 지금 잠시 쉬는 것만으로도 버거웠다.

집으로 돌아온 소림이 거울을 들여다보았다. 체기 때문에 창백해진 얼굴은 분을 바른 것 같았다.

그녀는 인력업체 어 부장과 반장에게 내일 하루 쉬겠다고 연락을 넣었다.

사실 오래전부터 몸은 신호를 보내고 있었다. 골다공증이 심하니 약을 꾸준히 먹으라는 의사의 말을 대수롭지 않게 흘려들었다. 그런 상황에서 미화 일을 시작했으니 손가락 관절이 부어오르고 강직이 오는 건 당연했다. '곧 괜찮아지겠지' 버티고 버티다 사흘째 되는 날, 결국 병원을 찾았을 때 의사는 단호하게 말했다.

"힘든 일은 피하세요." 소림은 마음속으로, 자신은 생활의 달인도, 생활력의 달인도 못 되는구나 라고 중얼거렸다.

잠시 후, 어 부장에게서 전화가 걸려왔다. 그는 후임자를 구하는 일이 급하다고 하면서도, 오히려 말없이 성실하게 일하는 소림이 계속 버텨주

길 부탁했다.

"사람들이 오래 버티질 못해요. 미화원들끼리의 텃세도 문제지만, 임금이 박한 이유도 있어요. 월 20~30만 원만 올려도 이직률이 확연히 줄 겁니다. 1년에 삼백만 원이라 해도 가구당으로 나누면 겨우 천 원씩만 더 내면 되는데, 관리소장은 입주민 대표 눈치 보느라 그 말조차 못 꺼내요. 결국 업체도, 관리소도, 미화원 모두 다 손해를 보는 거죠."

소림은 묵묵히 듣고만 있었다. 하지만 곱씹을수록 참 아이러니한 일이었다. 깨끗한 아파트를 위해 매일같이 몸을 굽히는 사람들은 버티지 못하고 떠나고, 남는 것은 텅 빈자리와 서로를 탓하는 구조뿐이었다. 실제로도 그랬다. 반장을 제외한 미화원 중 오래 버티는 이는 한 명뿐이다. 지금도

퇴직금과 실업급여를 받기 위해서 최소 기한만 채우고 그만두겠다는 이들이 두 명이나 된다. 부장과 통화를 끝낸 지 십 분도 채 되지 않아 다시 전화가 왔다.

"24일부터 출근하기로 한 사람이 안 온답니다. 하지만, 26일 또 한 사람이 온다고 했으니 다음 주 중에 다시 통화하죠." 어 부장의 말에 소림은 짤막하게 한숨을 내쉬며 어서 사람이 구해지기를 바랐다.

오늘은 아침부터 교육이 있었다. 출근부에 서명한 미화원들은 곧장 지하교육장으로 향했다. 관리소장이 경비원과 미화원 모두 열두 명을 앞혀 놓고 동절기 사고 대비에 관한 안전교육이다.

"겨울처럼 물일 작업은 금지입니다. 계단 승강기 청소 시, 안전에 주의하세요. 장비는 반드시 구비하시고 위험도 평가도 필요합니다. 또 하자보수와 바닥청소…," 마치 교본을 읽듯 단조로운 목소리다. 본사 지침에 떠밀려 억지로 끼워 넣은 교육이라서인지 누구도 진지하게 듣지 않았다. 그러나 소림은 휴대폰 메모장을 열어 차근차근 기록했다.

"뭐 하잉?" 5동이 사투리로 물었지만 소림은 대꾸하지 않았다. 그저 손끝을 움직여 글자를 채웠다.

"그냥 듣기만 하면 되지, 뭔 메모까지 하소?" 3동은 사사건건 시비에 오나가나 딴지를 걸어 비아냥거렸다. 그녀들은 소림을 이방인 대하듯, 이상한 눈으로 쳐다보았다. 교육은 금세 끝났고 사람들은 각자의 구역으로 흩어졌다.

8동은 묵묵히 자리를 지켰다. 그는 하루벌이가 아쉬워, 고단하고 치졸해 보일지라도 꾹 참으며 버티는 사람이었다. 자녀들은 이미 출가했고 그는 홀로 남았다. 약간의 국민연금과 노령연금이 있지만 노후는 늘 두렵다고 했다. 자식들에게 폐 끼치지 않고 빚 없이 살고 싶다는 것이 유일한 바람이자 희망이었다. 소림이 본, 8동은 밥그릇 앞에서 가장 치열한 전사 같았다. 그녀의 전투는 누구를 위한 것이 아니라 오직 하루를 버티기 위한 몸부림에 가까웠다.

　"이번에 일을 그만두면 고용노동부에 회사를 고발할 거예요." 8동이 낮게 뱉었다. 소림은 잠시 망설이다가 물었다.

　"선생님, 나이가 많아서 싫다고 한 말은, 입주민들이 아니라 미화원들이 지어낸 말이지 않을까요?" 8동은 잠시 눈을 깜빡이더니 힘없이 대답했다. "모르죠. 그랬을 수도…." 그녀의 목소리는 텅 빈 깡통처럼 가벼웠지만, 그 안에는 오래된 울분이 가라앉아 있었다. 입사했다가 며칠 만에 그만두는 과정에서 겪은 상처가 아직도 가시지 않은 듯했다. 마치 자신이 이곳의 감정 쓰레기통이라도 되는 양, 털어낼 수 없는 무언가를 안고 살아가는 표정이었다.

토요일, 휴게실에는 이미 퇴근 채비를 끝낸, 반장과 3동이 앉아있다. 가방을 어깨에 걸치거나 무릎 위에 올려놓은 모습은 '요이 땅!' 신호만 기다리는 선수들 같았다. 반장은 수시로 시계를 들여다보며 초조한 기색을 감추지 못하고 있다.
소림이 조끼와 가운을 벗어 옷걸이에 걸때였다.

"그 옷 벌써 삼주도 더 입었으니, 자기가 입은 것은 집에 가서 빨아 오이소!" 3동의 목소리가 날카롭게 날아왔다.

"다음 주 화요일 새로 들어올 사람한테 달리 줄 게 없으니, 깨끗하게 빨아서 내줘야 해요." 곧이어 반장이 거들었다.

소림의 얼굴이 굳어졌다. 입었던 옷을 빨아다 주는 건 당연한 예의다. 그런데 반장과 3동의 말대로라면, 소림이 입사했을 때 앞사람이 보름동안 입었던 옷을, 세탁도 해두지 않은 상태에서 소림에게 입으라고 했다는 얘기다.

생각할수록 괘씸했다. 저 두 여자의 횡설수설, 오리무중인 심리 상태를 박박 문질러 닦아낼 방법은 없을까. 소림은 대꾸대신, 가운을 돌돌 말아 비닐봉지에 넣은 뒤 캔버스 가방 속으로 밀어 넣었다. 퇴근하기 위해 신발을 갈아 신는데, 반장이 다시 시계를 흘깃 보며 말했다.

"아직 열두 시까지 1분이 남았어요. 관리소장이 단지를 돌고 있으니 성급히 나갔다가 눈에 띄면 좋지 않으니 조금만 기다려요!"라고 한다.

욕을 입에 달고 사는 반장도 결국 시간 앞에서는 꼬리를 내리는구나. 그렇다면, 아침에도 그렇게 설치지 말고 아홉 시 '땡' 치면, 일을 시작해야 하는 거 아닌가? 퇴근시간 1분을 남겨두고 소장의 눈치를 보느라 절절매는 반장의 꼴이 참 비루해 보였다. 휴게실 문을 나서려는데 반장이 소림을 불러 세웠다.

"화요일부터 새사람이 올 테니 월요일까지만 나와 주세요. 수고 많았어요." 그리고는 8동을 향해 마치 선심 쓰듯 큰소리쳤다.

"새로 사람 들어올 때까지 출근해서 그냥 묵묵히 일만 하세요. 내가 다 알아서 할게요." 뭔가 확실히 정해진 것 같은 말을 남겼다.

"고마워요. 잘 부탁드립니다." 8동의 대답은 간절했지만, 어딘가 비굴하게 들렸다. 굽신 거리는 데는 비굴함이 기본 값이건만, 8동은 그걸 모르는 듯했다.

집에 돌아온, 소림은 일회용 비닐장갑을 꼈다. 징그러운 벌레를 집어내듯 가운을 꺼냈다. 애써 세탁해서까지 돌려주고 싶은 마음은 추호도 없었다. 대신 발코니에 걸어두고 식초 희석한 물을 분사했다. 그런 후, 30분지나 허브 향 스프레이를 다시 뿌렸다. 거듭되는 분사는 그 옷에 밴 불쾌한 기운을 깨끗이 씻어내려는 일종의 의식 같았다.

6. 이제 안 나와도 됩니다

 소림은 오늘만 출근하면 된다는 생각에 마음이 가벼웠다. 레몬음료를 보온병에 담았다. 구운 식빵에 땅콩버터를 바른 뒤, 치즈와 야채샐러드를 얹어 점심을 챙겼다. 두유도 한 병 곁들였다. 그리고 소림은 거울 앞에 섰다. 시위 구호를 외치듯,

주먹을 쥐고 팔을 허공을 향해 뻗쳤다.

"왕소림! 그동안 잘 견뎌냈어. 오늘만 버티면 자유다. 홧팅!" 소림은 세 번씩이나 목소리를 높이고 나서 삶은 계란 하나와 커피 한 잔과 사과 반쪽으로 아침을 때웠다.

욕실로 들어가 이를 닦고 머리를 감고 드라이로 말렸다. 화장대 앞에 앉아 스킨과 로션 그리고 영양크림을 바르고 눈에 인공눈물을 한 방울 떨어뜨렸다. 옷을 갈아입고 현관문을 나섰다. 승강기 버튼을 누르려는데, 반장에게서 전화가 왔다.

"오늘 오렵니까? 내일부터 근무하겠다는 사람이 오늘 출근을 해서요."

"아, 이미 집을 나섰어요."

"그럼 오이소. 두 사람이 일하면 되지 뭐!" 미화반장은 또 횡설수설이다. 소림은 가운도 갖다 주고 작업화도 찾아올 겸, 퇴근시간 맞춰 들르기로 했다.

　오후 두 시 스무 분쯤 휴게실은 이미 퇴근 준비로 부산스러웠다. 소림이 가운을 내려놓고, 막 자리에서 일어서는데, 반장이 8동을 불러 세웠다.

　"당장 내일부터 새 사람이 오기로 했으니 이제 안 나와도 됩니다." 돌연 날아든 해고 통보는 화살처럼 정확히 과녁을 맞혔다.

　오늘 하루도 잘 버텨낸 8동의 얼굴이 굳어졌다. 그녀는 무슨 말을 할 듯, 입술을 달싹이다 이내 다물어버렸다. 큰 눈에는 금방이라도 빗물이 맺힐 듯 흔들림이 번졌다.

　불과 이틀 전만 해도 반장은 8동의 일자리를 보장해 줄 것처럼 "묵묵히 일하라, 내가 다 알아서 하겠다."라고 하지 않았던가! 그랬던 사람이 순식간에 손바닥 뒤집듯 말을 바꿨다.

"그토록 사람이 안 구해지더니 연달아 두 사람씩 들어오네."라고 핑계 같은 말을 늘어놓는 반장의 얼굴에는 희미한 웃음까지 번졌다. 소림은 그 웃음이 퍽 낯설게 느껴졌다. 아니, 느끼하고 잔혹해 보였다. 몇 명 되지도 않는 이 작은 세계에서조차 텃세는 완고했고 권력은 잔인했다.

소림은, 신발장 앞으로 가서 작업화로 신던 로퍼를 챙겼다. 휴게실을 나와 횡단보도 앞에서 신호가 바뀌기를 기다리는 8동 곁으로 다가갔다.

"차 한 잔해요." 소림이 조심스레 말했다.

"…." 8동은 말이 없다. 그녀는 멍하니 먼데 하늘을 바라보는가 싶더니 불쑥 몸을 돌렸다. 양손에 짐 보따리를 든 채, 저만치 신호등 없는 횡단보도를 급히 건넜다. 휘청거리는 뒷모습이 왠지 더

없이 쓸쓸해 보였다. 그러도록 남아있는 이들 가운데 누구도 그녀에게 "수고했다"는 인사조차 없었다. 침묵은 무정했고 그 무정함은 길목의 공기마저 무겁게 짓눌렀다.

소림은 서둘러 8동을 뒤쫓았다. 지하철 2번 출구 계단을 두세 칸씩 뛰어 내려갔지만, 플랫폼은 텅 비어있었다. 그녀는 이미 자신의 그림자와 함께 떠난 뒤였다. 남겨진 자리에는 공허한 공기와 오래도록 가라앉는 쓸쓸한 기운만이 남았다.

소림은 텅 빈 플랫폼에 홀로 서서 생각했다. 어쩌면 이 사회가 가장 손쉽게 버려내는 것은 바로 '사람의 마음' 일지도 모른다고. (끝)

에필로그

　삶의 현장은 언제나 사람 냄새로 가득하다. 때로는 그 냄새가 향기롭기도 하고, 때로는 숨 막히도록 퀴퀴하기도 하다. 나는 그 냄새 속에서 살아가는 이름 없는 이들의 얼굴을 기록하고 싶었다.
　이 소설은 단지 '청소 노동'이라는 작은 풍경에서 출발했으나, 그 이면에는 우리 사회가 여전히 안고 있는 불편한 민낯이 드러난다. 밥그릇을 지키려는 본능, 권력을 향한 미묘한 줄다리기, 그리고 그 속에서 꿋꿋이 하루를 버텨내는 보통 사람들의 이야기, 어쩌면 우리 모두가 그 밥그릇 앞에서 조금씩은 비슷한 몸짓을 하고 있는지도 모른다.

나는 독자에게 단순한 분노를 흐르게 하고 싶지 않다. 다만, <텃세의 계절>을 다 읽고 난 뒤 한순간, 가볍게 웃다가도 그 웃음이 오래도록 입안에 남아 씁쓸해지는, 그런 여운을 함께 나눌 수 있기를 바란다.

〈추천의 글〉
삶의 연결 고리

심 미 정
SB다온(주) 대표, 사회복지사

　어느 날, 사업상의 일로 부산에서 진주까지 혼자 차를 타고 가면서 <여백>이라는 노래를 듣게 되었다. 가사 내용이 꼭 내 이야기 같아서 무척이나 공감이 되어 운전하고 가는 내내 엄청 울었던 기억이 난다.
　여백은 화려함이나 젊음에만 집착하지 말고 마음의 빈자리에서 오는 평온함과 소중한 삶의 순간들을 돌아보라는 메시지를 담고 있다.

  나는 <여백>들은 후, 자신을 돌아보며 심오한 결심을 하였다. 무엇보다 내 딴엔 멋지게 살기 위해서 허겁지겁 써버린 하루와, 나의 의지가 아닌 세상의 잣대에 나를 맞춰 끌려 다닌 시간들을 정리해야 했다. 남의 눈들 피하느라 가두어 둔, 나 자신에게 시간을 주고 다시 유연하게 시간을 통과하면서 내 삶을 충분히 겪을 일상의 날들을 채우고 만들어 나가야겠다는 다짐을 ….

  내가 이렇게 나를 알아 갈 무렵, 김명애 작가를 만났다. 처음엔 그녀가 아무런 내색을 하지 않았기에 작가인 줄도 몰랐다. 그냥 인생 선배정도로 알고 지냈다.

  그녀는 주변 상황을 예리하면서도 따뜻하게 지켜보는 사람이었다. 단지 흠이라면, 그녀가 여태

껏 행해 온 '선한 행동'중 특히 돈하고 관련된 일은 자신을 괴롭히는, 자기 파괴적인 행동이라는 것이다. 하지만 어쩔 수 없는 그녀의 성향인지라 뭐라 말할 수는 없다.

다만, 그녀만의 연륜과 경륜을 합친 그녀의 삶을 이루는 진솔함과 봉사와 희생으로 배려를 베푸는 사람이란 것만은 분명하다. 앞으로도 계속해서 선한 사람이 실패한 경험을 토대로 평범하지만, 누구나 공감할 수 있는 사회적 소설이 또 탄생되기를 기원한다.

<텃세의 계절>은 액자식 구성으로 이야기 속에 또 다른 이야기들이 있다. 인간은 현실에서나 소설 속에서나 홀로 살 수 없다. 가족과 사회의 일원으로 산다는 조건은 생사를 건너뛰는 생명 이상의 의미를 갖는다. 어느 누구도 제외될 수 없는 이

명제에 직면한 작가가 인간관계에 민감하게 반응하고 그 사이에서 이루어지는 감정을 소재로 삼은 것은 당연하면서도 퍽 인상적이다.

그녀는 주변 사람들의 벌집 같은 삶 속에서 자잘하지만, 감동적인 스토리를 찾아내고 있었다. 평범한 사람들을 통해서 또는 현장에 직접 뛰어들기도 하면서 영감을 얻고 경험을 통한 꾸준한 글쓰기였다.

김명애의 첫 단편소설 <텃세의 계절>은 약간의 옴니버스 식 구성을 띠고 있다. 버스에 여러 사람이 탑승하듯, 독립적인 이야기들이 하나의 큰 주제 안에서 엮어졌다. 각 단편은 독자적인 서사를 갖지만, 전체적으로는 공통의 메시지나 문제의식을 전달한다.

우리가 살아가는 현실에서 등한시하는 부분을

직감적 성찰로 잘 묘사한 작품이라고 감히 김명애의 소설세계를 말하고 싶다.

세상에는 보이지 않는 힘이 있다. 그것은 돈도, 권력도 아닌, 오래된 습관처럼 굳어버린 "텃세"라는 이름의 권력이다.

소설 <텃세의 계절>은 바로 그 힘이 사람들의 일상 속에서 어떻게 작동하는지를 섬세하게 포착했다. 아파트 단지라는 제한된 공간에서 벌어지는 작은 갈등들은, 사실 우리가 사는 사회 전체를 비추는 거울이기도 하다. 누군가의 자리를 지키려는 본능, 새로 들어온 이를 밀어내려는 기류, 그 속에서 흔들리는 개인의 마음…, 이 소설은 그 과정을 날카로우면서도 따뜻하게 그려냈다.

수필만 써오던 작가가 처음으로 써 내려간 소설

속 이야기는 결코 가볍지 않았다. 누구나 한 번쯤은 겪어봤을 법한 현실의 장면들이 담백하면서도 힘 있는 문장으로 펼쳐져 읽는 내내 "아, 나도 저런 적이 있었지." 하고 고개를 끄덕이게 했다.

<텃세의 계절>은 단순한 갈등의 기록이 아니라 우리가 어떻게 함께 살아갈 수 있는가를 묻는 작품이라고 본다. 그리고 그 질문은 소설을 덮은 뒤에도 오랜 여운을 남길 것이다.

이 책을 집어 든 독자라면, 아마도 마지막 장을 덮고 난 뒤 '사람 사이의 온기'를 다시 떠올리게 될 것이다.

김명애의 첫 소설집 출간을 진심으로 축하하며 독자들의 관심과 뜨거운 애정이 답지하길 진심으로 빌어본다.

텃세의 계절

초판1쇄 발행 2025년 10월 30일

지은이 김명애
펴낸이 이길안
펴낸곳 세종출판사

주소 부산광역시 중구 흑교로 71번길 12 (보수동2가)
전화 051-463-5898, 253-2213~5
팩스 051-248-4880
전자우편 sjpl5898@daum.net
출판등록 제02-01-96

ISBN 979-11-5979-820-7 03810

정가 10,000원

이 책은 저작권법에 따라 보호받는 저작물이므로 무단전재와 무단복제를 금지하며,
이 책 내용의 전부 또는 일부 내용을 재사용하려면 사전에 저작권자와 세종출판사의
동의를 받아야 합니다.

* 잘못된 책은 교환해 드립니다.